ARRÊT
DU CONSEIL D'ETAT
DU ROY,

Du 28 Février 1747.

CONTENANT L'ADJUDICATION
de l'entretien du Pavé de la Ville, Fauxbourgs
& Banlieuë de Paris, au profit du Sieur
OUTREQUIN.

A PARIS,

De l'Imprimerie de PAULUS-DU-MESNIL,
ruë de la Vieille Draperie.

M. DCC. XLVII.

ARRÊT

DU CONSEIL D'ETAT

DU ROY,

Du 28 Février 1747.

CONTENANT L'ADJUDICATION, de l'entretien du Pavé de la Ville, Fauxbourgs & Banlieuë de Paris, au profit du Sieur OUTREQUIN.

LOUIS, PAR LA GRACE DE DIEU, ROY DE FRANCE ET DE NAVARRE : A tous ceux qui ces présentes Lettres verront, SALUT. Nous avons arrêté & fait expé-

A ij

dier en nôtre Conſeil d'Etat le 20e. jour de Septembre 1746, une Affiche contenant qu'il ſeroit procedé en nôtre Conſeil d'Etat, qui ſe tiendroit à Fontainebleau le Lundy 31e. jour d'Octobre de ladite année 1746, à la Publication & Adjudication du Bail pour neuf années conſécutives, qui commenceront au premier Janvier de l'année préſente 1747, de l'entretenement du Pavé de Paris, & par Arrêt de notre Conſeil nous aurions ordonné qu'il ſeroit procedé à ladite Adjudication le Samedy 29 dudit mois d'Octobre 1746, à l'iſſuë de notre Conſeil là où il ſe tiendroit, au lieu dud. jour Lundy 31 du même mois, jour auquel elle avoit été indiquée, & qu'à cet effet il ſeroit mis & appoſé des Affiches aux lieux & endroits accoutumés; led. entretenement du Pavé conſiſtant, ſuivant lad. Affiche; ſçavoir, de toutes les Ruës, Places & Cul-de-Sacs de notre bonne Ville & Fauxbourgs de Paris, non compris les Banquettes des Quais, Ports & Ponts, qui ſont à la charge du

Domaine de la Ville, ni les Cloîtres, qui font à la charge des Chapitres, comme auffi les Banlieuës ci-après défignées ; fçavoir, celle de Verfailles jufqu'au Pont de Seve ; de Saint Cloud jufqu'au bout du Pavé qui conduit à l'entrée du Pont ; de Surenne jufqu'au Bac, & enfemble le Pavé dans Paffy & aux abords du Château de la Meute ; de Neuilly jufqu'à la Porte du Pont, & les Ruës dans Neuilly, dans Clichy & Saint Oüen jufques & compris le Pavé dans les Villages de S. Denis jufqu'où commence l'entretien des Dames de Saint Cyr, proche la Baraque dans l'Avenuë du Bourget, jufqu'à l'encoignure de la premiere Maifon du Bourget , enfemble la Chauffée & la Ruë dans Aubervilliers, de Pantin jufqu'à l'encoignure de la derniere Maifon du Village de Belleville, jufqu'à l'encoignure de la premiere Maifon à l'entrée du Village, & les Chauffées de la Grande Voyerie de Montfaucon, de Mefnil-Montant jufqu'au-de-là de la porte de M. le Pelletier des Forts, & le Pavé de

Chaillou autour du Parc ; de Bagnolet
jufques & compris le Village & le bout
de la Chauffée qui conduit à Mefnil-
Montant; de Vincennes jufques & compris le Parc avec le Pavé dans SaintMan-
dé ; de Charenton jufqu'à l'entrée du
Pont , les parties de Pavé entre cette
Chauffée & celle de Vincennes & celui
qui conduit & eft dans le Village des
Carrieres, ainfi que celui dans Bercy;
de Villejuif jufqu'à la Sauffaye , & les
embranchemens d'Ivry & de Vitry , jufques & compris le Pavé dans les Villages ; de la Santé jufqu'à la porte de l'Hôpital d'Arcueil jufqu'à l'encoignure de
la premiere Maifon à l'entrée du Bourg-
la-Reine , & le Pavé dans les Villages
de Cachant , de Châtillon jufqu'où finit
le Pavé du côté de Fontenay-aux-Rofes,
& jufqu'au Cailloutis qui conduit à Cla-
mar , enfemble le Pavé dans Bagneux
& dans Montrouge ; de Vaugirard à
Iffy jufqu'au Pont de Seve, & les différentes Ruës dans les deux Villages, &
généralement tous les embranchemens

entre ces différentes Banlieuës, compris
les Voyeries & Décharges des Boües ;
toutes lesquelles Ruës , Places , Cul-
de-Sacs de la Ville & Fauxbourgs de
Paris , Chauffées des Banlieuës, embranchemens entre ces Chauffées & Voyries
contiennent en superficie cinq cens soi-
xante-dix-huit mille huit cens quatre-
vingt toises un pied ; le tout aux charges
& conditions suivantes.

ARTICLE PREMIER.

De la quantité ci-dessus il en sera relevé
à bout chaque année celle de cinquante-
cinq mille toises superficielles dans les
endroits indiqués par l'Etat qui sera dressé
par l'Inspecteur en présence du Commissaire du Pavé , & approuvé par le
Sieur Contrôleur Général de nos Finances , lequel sera ensuite arrêté au Conseil.

I I.

Pour la confection de ces relevés à
bout l'Adjudicataire établira huit Atteliers, chacun composé de vingt - cinq

Hommes, compris deux Chefs de Bandes, qu'il choisira bons & intelligens, & dont il fera entierement responfable; ces Atteliers feront bien fournis de Pinces, Pioches, Marteaux, Portraits, Hies, Pelles, Hottes, & Niveaux; ils commenceront dans les premiers jours d'Avril par réparer les relevés à bout de l'année précedente; travailleront enfuite aux relevés à bout indiqués pour l'année courante, & finiront au plûtard en Octobre.

I I I.

Dans les relevés à bout le Pavé qui fe trouvera tendre ou au-deffous de fix pouces en quarré de face fur fix à fept de queuë pour les grands Paffages, & cinq fur fix de face & fix de queuë pour les médiocres, plein & fans démegriffement, fera mis au rebut & remplacé par du Pavé neuf, de huit fur neuf pouces, en tout fens, dur & bien carré; dans les Paffages les plus fréquentés il n'en fera employé que de Pontoife & de Palaifeau.

IV.

I V.

Après que le vieux Pavé sera arraché au moins en six toises de longueur, la forme sera piochée, nétoyée des terres, vases & cailloux, qui pourroient se trouver, rafraichie ou même renouvellée s'il est nécessaire pour lui donner au moins six pouces d'épaisseur sous le Pavé avec Sable pur & graveleux pris à la Riviere ou dans les seules Carrieres de la Plaine des Sablons, de Clichy, de l'Hôpital Général, de Vaugirard ou des Invalides, ou autres Carrieres, qui seront expressément approuvées par le Sieur Contrôleur Général de nos Finances par permission qu'il en donnera par écrit, sans que l'Adjudicataire puisse sous aucun prétexte en tirer ailleurs, sous peine de 200 livres d'amende.

V.

Sur cette forme ainsi piochée & bien dressée suivant les pentes en tous sens, le vieux Pavé retaillé sans démaigrisse-

B

ment, & le neuf épincé & ébarbé, en s'assujettissant exactement aux anciens niveaux, sans hausser ni baisser, sous quelque prétexte que ce soit, à moins d'un ordre exprès du Commissaire sur le rapport de l'Inspecteur, seront reposés de bout & de champ par rangées droites & égales, chaque Pavé & liaison l'un sur l'autre, au moins du tiers de sa longueur & avec le moins de joints qu'il sera possible, tant en bout qu'en rive, également affermi à coup de marteau du poids de trente-cinq livres, & ensuite battu au refus d'une Hie pesant cinquante-cinq à soixante livres, de façon qu'il ne reste ni enfoncement ni fraches, & que le bombement soit exactement suivi, relativement aux différentes hauteurs des Revers ou Chaussées ; pour ensuite le tout être recouvert d'un demi pouce d'épaisseur de Sable, étendu bien également & sans mélange de pierre ni pierrailles.

V I.

Lorsqu'il sera fait des relevés à bout

ſur les Chauſſées à deux revers ou bom-
bées dans les Fauxbourgs ou Banlieuës,
& aux côtés deſquelles il ſe trouve ou
doit ſe trouver des bordures ; il ne pourra
en être employé des anciennes , ſoit de
pierre , ſoit de grès , qu'elles ne conſer-
vent au moins quinze pouces de longueur , neuf de largeur & autant de hau-
teur , pleines en tous ſens ; celles qui
ſeront fournies pour le remplacement
ſeront de grès provenáns des Rochers du
Rouſſillon , dans la Forêt de Fontainebleau , ou d'autres approuvés par le
Commiſſaire & par l'Inſpecteur ; leur
échantillon ſera de ſeize à vingt pouces
de longueur alternativement , leur largeur de ſeize pouces , & leur épaiſſeur
au moins de dix ; elles ſeront poſées ſur
une forme de Sable , ainſi que le Pavé ,
en s'aſſujettiſſant à tout ce qui eſt pref-
crit dans l'article précedent.

V I I.

Dans tous les relevés à bout , il ſera
fourni ſept Pavés neufs par toiſe ſuperfi-

cielle ; c'eſt-à-dire, le neuviéme, & ſur toutes les Chauſſées des Banlieuës & Fauxbourgs, Ruës dans les Fauxbourg & même dans Paris, dans tous les endroits où la fréquence du paſſage & la ſortie des eaux pourront le permettre, ce neuviéme ſera employé de ſuite; mais lorſque les longueurs excederont cent toiſes,il en ſera fait d'abord quatre-vingt-ſeize toiſes de longueur en vieux Pavé, & enſuite douze en Pavé neuf ; lorſque ce remplacement de ſuite aura lieu dans Paris, le Pavé neuf ſera employé de préference dans les Carrefours & parties les plus étroites des Ruës, la longueur en ſera prolongée autant qu'il ſera né-ceſſaire pour que la ſuperficie revienne au neuviéme du total ; mais comme il ſe trouvera des Ruës & Chauſſées où le fourniſſement ſera moindre, & d'autres plus forts, il en ſera fait compenſation à la fin de chaque année, ou avec les ſuivantes, s'il eſt néceſſaire.

VIII.

Avant que chaque Attelier commence dans une Ruë, il y fera fourni au
moins quatre tombereaux de Pavé neuf,
& autant de Sable, & le fourniffement
continuera à fe faire à mefure des Ouvrages & fans interruption, afin que les ma-
tieres néceffaires ne puiffent jamais man-
quer à l'Ouvrier; l'enlevement des Pavés de rebut, retaillés & mauvaifes for-
mes fe fera à mefure & de façon que
vingt-quatre heures après qu'une Ruë
fera pavée, il ne refte aucun décombre
provenant dudit ouvrage.

IX.

Lorfqu'il fera indiqué des relevés à
bout fur les Banlieuës, les accôtemens
ou chemins de terre, d'un & d'autre côté jufqu'aux Foffés, feront en
même-tems regalés, en hauffant ou baif-
fant, fuivant les circonftances, de façon
qu'ils ayent partout deux pouces de pen-
te par toife, depuis la bordure jufqu'au

Fossé, & qu'il ne s'y trouve aucune iné-
galité qui les empêche d'être roulans;
les Fossés seront aussi entretenus & re-
nouvellés partout où il sera ordonné.

X.

Si dans les Ruës ou Chaussées à relever à bout il étoit ordonné des exhausse-
mens, retranchemens, changemens de
pentes ou d'alignemens, l'Adjudicataire
n'en pourra prétendre d'indemnité, à
moins que le transport n'excede quinze
toises de distance réduite, les mou-
vemens de terres, changemens & aug-
mentations de forme étant d'ailleurs
à sa charge.

X I.

Lorsqu'il sera indiqué en relevé à
bout des Ruës ou Chaussées faites en
Pavé de rebut ou caillou, il sera fourni
un neuviéme de Pavé neuf & employé
de suite ; & si ce qui restera de rebut au
moins de quatre sur cinq pouces en tout
sens, ne suffisoit pas pour les huit neuvié-

mes restans, il en sera fourni du plus dur
& du plus fort de celui qui se fait dans
les autres Ruës.

X I I.

Le surplus des Ruës, Places, Cul-
de-Sacs & Chauffées sera bien entretenu
sans trous, rouages ni flaches ; le Pavé
neuf qui y sera employé sera des mêmes
qualités & échantillons qu'aux relevés
à bout, & employé avec la même dis-
tinction de grands & médiocres pas-
fages ; mais dans ces dernieres le Pavé
rebuté dans les relevés à bout, & qui
conservera cinq sur six pouces de face &
six pouces de queuë sans démaigrisse-
ment, pourra y être employé, pour-
vû qu'il soit dur. Sous tous les Pavés vieux & neufs mis en réparation,
la forme sera piochée, le Pavé bien joint,
garni de Sable, comme à l'Article cinquiéme, & affermi au refus de la Hie ;
& pour l'exécution de ces réparations
simples, il sera établi quatre Atteliers
chacun composé d'un Commis ou Pi-

queur, qui pareillement dépendra entierement de l'Entrepreneur, de fept Pa-
veurs ,fept Manœuvres & un Dreffeur,
avec deux Voitures ou Tombereaux
pour le tranfport du Pavé & Sable neuf
& enlevement du rebut & retailles,
qui fe fera à mefure: Ces Atteliers travailleront fans interruption toute l'année , excepté les jours de trop fortes
gelées ou de pluyes continuelles , &
feront fournis de tous les Outils néceffaires ; il en fera, de plus , établi un
cinquiéme, & femblablement compofé ;
mais dans le travail, borné aux Banlieuës,
ne commencera qu'au premier Mai &
finira au dernier Octobre de chaque année ; le Pavé neuf qui fe fera dans le
courant du Bail fera pareillement entretenu.

X I I I.

Lors des réparations fimples fur les
Banlieuës, s'il fe trouve des trous & en-
foncemens fur les Chemins de terres
ou de buttes faites par des rapports fur-
tifs

tifs de gravois ; les premiers feront rem-
plis, & les derniers régalés ou enlevés ſi
les accôtemens ſont aſſez hauts.

X I V.

Il ſera fait chaque année deux mille
toiſes quarrées de Pavé neuf, dans les
lieux & endroits qui feront ordonnés par
le Sieur Contrôleur Général de nos Finances.

X V.

Pour la conſtruction de ce Pavé l'Adjudicataire ſera tenu à la foüille & tranſ-
port de huit cens toiſes cubes de terre ;
mais ſeulement à la diſtance réduite de
quarante toiſes, & s'il s'eſt fait plus ou
moins dans une année, il en ſera fait
compenſation dans les ſuivantes, &
compte du total à la fin du Bail.

X V I.

La quantité de Pavé neuf à fournir
pour les Ouvrages ci-deſſus ne pourra
être moindre par chaque année de ſix

C

cens quatre-vingt-onze milliers de Pavés, chacun compofé d'onze cens vingt-
deux Pavés ; fçavoir , de Pontoife, deux
cens cinquante milliers ; de Palaifeau ,
cent cinquante ; de Trin , deux cens foi-
xante-onze milliers , & cinq grands milliers de bordures , faifant vingt milliers.
De cette quantité , il en fera rendu fur
les Ports & aux Dépôts de Paris avant le
mois d'Avril de chaque année celle de
quatre cens milliers , dont de chaque ef-
pece à proportion & à mefure que le
Pavé arrivera , il en fera donné avis aux
Commiffaire & Infpecteur & aux Sous-
Infpecteurs , aufquels Sous-Infpecteurs
les Lettres de Voitures feront remifes
pour dreffer leurs Procès - verbaux , de
la quantité , qualité & échantillon du
Pavé , pour être lefdits Procès - verbaux
remis à l'Infpecteur qui les vifera & les
remettra à la Direction, & en cas qu'il
s'en trouve de tendre ou autrement dé-
fectueux , il fera rebuté & non compris
dans l'approvifionnement.

XVII.

Les Ouvrages faits par ledit Adjudicataire feront toifés & reçus ; fçavoir, ce
qui eft en fimple entretien au mois de
Décembre de chaque année, & les relevés à bout au mois de Mai de l'année
fuivante ; & fi dans le tems des récep-
tions il y a des malfaçons, il ne fera
délivré à l'Adjudicataire aucun rapport
de réception, ni aucun mandement,
qu'il n'ait réparé lefdites malfaçons ; &
dans la réception fera fait mention ex-
preffe de la quantité de Pavé employé
pendant l'année, fuivant les Procès-
verbaux de vifite des ports & enregiftre-
mens des Lettres de Voitures vifés des
Sous-Infpecteurs, qui feront rapportés
aufdits Commiffaires & Infpecteurs pour
en être fait mention dans lefdites récep-
tions ; & en outre pour la fûreté dudit
emploi fera défendu à l'Adjudicataire,
fous peine de 1000 livres d'amende, de
vendre, employer en Ouvrages particuliers, ou faire fendre aucuns des Pavés

arrivés fur les Ports, même les défec-
tueux par la qualité ou l'échantillon,
que la quantité n'en ait été préalable-
ment conftatée par un Procès-verbal de
l'Infpecteur dreffé en préfence du Commiffaire, pour n'être point compris dans
celle du fourniffement auquel il eft tenu
par l'Article XVI. L'Adjudicataire fera
pareillement obligé de remettre toutes
les femaines aufdits Commiffaire & Infpecteur des notes exactes du Pavé qu'il
employera aux tranchées des Fontaines
& racordemens.

X V I I I.

Il ne fera fait, à peine de 50 livres
d'amende, aucune tranchée de Fontaine,
que par ordre & permiffion du Bureau
des Finances, & ces tranchées ne pourront être réparées par autres que par
l'Adjudicataire, & fuivant qu'il lui fera
indiqué par lefdits Commiffaire & Infpecteur Général ; & s'il arrivoit que par
rupture des tuyaux le Pavé cedât & fût
enfoncé, enforte qu'il s'y fit des flaches

par le retardement des Particuliers à les réparer, l'Adjudicataire fera tenu de relever ledit Pavé, après un fimple avertiffement donné aufdits Particuliers de faire rétablir les tuyaux defdites Fontaines, & il y fera travaillé à leurs dépens, dont il lui fera délivré exécutoire par le Bureau des Finances, & fur fon Mémoire arrêté par le Commiffaire fur l'avis de l'Infpecteur, pour être payé defdites réparations, par préférence à tous créanciers ; mais s'il arrivoit qu'après le rétabliffement defdites tranchées, il fe formât des flaches par la mauvaife conftruction du Pavé, l'Adjudicataire fera tenu de les relever à fes frais dans toute leur étenduë, fans pouvoir prétendre qu'il lui en foit tenu compte.

X I X.

Il ne fera fait aucun racordement de Pavé, de Bornes, Seüils & Devantures de Maifons, par autre que par ledit Adjudicataire, ainfi qu'il lui fera indiqué par le Commiffaire & par l'Infpecteur ;

le tout à peine de 20 livres d'amende contre les contrevenans.

X X.

Il ne fera de même , à peine de 20 livres d'amende, travaillé au rétabliſſement des trous cauſés par les Etayes qui ſeront poſés dans les Ruës de Paris à l'occaſion des réparations à faire aux Maiſons , ou pour faire des Repoſoirs & Echaffauts , ſi ce n'eſt par ledit Adjudicataire, qui ſera obligé de le faire dans les vingt - quatre heures , que leſdits Etayes , Repoſoirs & Echaffauts auront été ôtés , ſuivant les ordres qui lui en feront donnés par leſdits Commiſſaire & Inſpecteur.

X X I.

L'Adjudicataire aura la faculté de prendre le terrein dans lequel il ſe trouvera du Sable propre à ſes Ouvrages , en payant ſeulement le prix de l'eſpace dont il aura beſoin , ſuivant la valeur de l'héritage , & ainſi qu'il ſera juſtifié par les titres de proprieté.

XXII.

L'Adjudicataire fe trouvera tous les jours fur les Atteliers, & tous les Samedis au Bureau de la Direction, à peine de 50 livres d'amende; le produit de toutes les amendes qui feront prononcées contre l'Adjudicataire pour malfaçons, fera employé en Ouvrages neufs dans les endroits qu'il fera jugé à propos par le Sieur Contrôleur Général de nos Finances.

S'il furvient quelque conteftation pour raifon dudit entretenement du Pavé de Paris, elle fera jugée définitivement par le Bureau des Finances ; défenfes de fe pourvoir ailleurs, à peine de 200 livres d'amende ; & en cas d'appel les Parties fe pourvoiront au Confeil à qui la connoiffance en eft réfervée.

XXIII.

L'Adjudicataire fera chargé des frais de l'Adjudication & de ceux faits pour y parvenir, & de payer trois deniers pour

livre du fond du préſent Bail au Tréſorier dudit Pavé , comme auſſi de tous
frais de réception.

X X I V.

L'Adjudicataire donnera de bónnes
& ſuffiſantes Cautions, qui feront leurs
ſoumiſſions au Greffe de notre Conſeil
avant la délivrance du Bail.

Autant de ladite Affiche contenant
que ladite publication feroit faite le Samedy 29 Octobre 1746 , au lieu du 31
dudit mois , auroit été mis & appoſé le
1 Octobre 1746 en préſence de Fleury
de Gaumont , notre Huiſſier ordinaire
en noſdits Conſeils , à notre vieux Lou-
vre , à Saint Germain l'Auxerrois , aux
portes de notre très-cher & féal Chancelier , du Sr. Contrôleur Général de nos
Finances , de notre très-cher & couſin
le Duc de Bethune , Chef du Conſeil
de noſdites Finances , & aux portes des
Sieurs de Baudry , d'Ormeſſon , Orry de
Fulvy , de la Houſſaye , de Trudaine &
de Boulongne, Conſeillers d'Etat, Intendans

dans de nos Finances , au Bureau des
Ponts & Chauffées , aux portes du Sieur
Desnolles, Commiffaire du Pavé , du
Sieur de Bayeux, Infpecteur , aux Thuil-
leries , au Palais , à notre Chambre des
Comptes , à la Cour des Aydes , à Saint
Barthelemy , au Palais Royal ; aux por-
tes du Sieur de Marville , Lieutenant
Général de Police , à Saint Roch , à la
ruë du Dauphin , à Saint Euftache, à la
Place Baudoyer , à la porte du Sieur
Chiquet , Avocat en nos Conseils , aux
Petits Peres , à l'Affomption , aux Capu-
cins de Saint Honoré , à Saint Paul, à
Saint Sulpice , au Luxembourg , aux
Cordeliers , ou autres lieux , endroits &
Places publiques, ordinaires & accou-
tumées. Autant de laquelle Affiche auroit été mis & appofé le 11 dudit mois
d'Octobre 1746 en préfence de Vaffal
notre Huiffier ordinaire en nos Conseils,
à Fontainebleau , Nous y étant , aux
portes des Hôtels & Pavillons de notre
très-cher & féal Chancelier, du Contrôleur Général de nos Finances , de

D

notre très-cher & coufin le Duc de Bethune , Chef du Confeil de nos Finances , à la porte de notre Château , de
notre Confeil & de nos Bâtimens, à
celles des Sieurs Trudaine, d'Ormeffon ,
de Baudry, de Fulvy, Intendans de nos
Finances : Et le 29ᵉ. jour dudit mois
d'Octobre 1746, le Confeil tenant audit Fontainebleau , & à l'iffuë d'icelui,
ladite Affiche auroit été par ledit Vaffal,
notre Huiffier ordinaire en nos Confeils,
lûë & publiée à haute & intelligible
voix, dans la Salle de notredit Confeil,
tenu par notre amé & féal Chancelier,
les portes ouvertes ; & ne s'étant préfenté aucun Avocat pour mettre au rabais , Nous aurions par Arrêt de notre
Confeil dudit jour 29ᵉ. Octobre 1746 ,
ordonné qu'il feroit procedé au premier Confeil d'après le 1 Décembre
1746 , là où il fe tiendroit, à la feconde
publication & réception des mifes au
rabais dudit Bail de l'entretenement du
Pavé de notre bonne Ville , Fauxbourgs
& Banlieuë de Paris : Et le 10ᵉ. jour de

Novembre 1746, autant de ladite Affiche du 20 Septembre 1746, contenant
que ladite publication feroit faite à Verfailles le 4ᵉ. jour de Décembre 1746,
auroit été mis & appofé en préfence de
Fleury de Gaumont, Huiffier ordinaire
en nofdits Confeils, aux portes, entrées
& lieux énoncés ci - deffus, & autres
endroits & Places publiques, ordinaires
& accoutumés : Et le 28ᵉ. jour du mois
de Novembre audit an 1746, autant de
ladite Affiche auroit été en préfence de
Vaffal, notre Huiffier ordinaire en nofdits Confeils, mife & appofée à Verfailles, Nous y étant, aux portes des Hôtels ou Pavillons de notre très-cher &
féal Chancelier, du Sieur Contrôleur
Général de nos Finances, de notre très-
cher & coufin le Duc de Bethune, des
Sieurs Trudaine, d'Ormeffon, de Baudry, de Boulongne, Confeillers d'Etat,
Intendans de nos Finances, à la principale porte du Château, à celle de nos
Bâtimens, & à celle de la Salle de notre
Confeil : Et le 4ᵉ. jour de Décembre

audit an 1746, autant de ladite Affiche auroit encore été mis & appofé en préfence de Vaffal, notre Huiffier ordinaire en nos Confeils, à Verfailles, aux mêmes endroits que deffus : Et le même jour 4ᵉ. Décembre 1746, le Confeil tenant à Verfailles, & à l'iffuë d'icelui, ladite Affiche auroit été, par ledit Vaffal notre Huiffier ordinaire en nos Confeils, lûë & publiée à haute & intelligible voix, les portes ouvertes ; fe feroit préfenté Mᵉ. Chiquet, Avocat en nofdits Confeils, qui auroit offert de fe rendre Adjudicataire dudit Bail, à raifon de 450000 livres, Mᵉ. de la Roche auffi Avocat en nofdits Confeils, à 380000 livres, & ledit Mᵉ. Chiquet à 370000 livres ; & ne s'étant préfenté aucun autre Avocat pour mettre au rabais, Nous aurions par Arrêt de notre Confeil du 5 Décembre 1746, ordonné qu'il feroit procedé au premier Confeil d'après le 18 dudit mois de Décembre, là où il fe tiendroit, à l'Adjudication dudit Bail pour neuf années confécutives, qui commenceront au premier Janvier 1747, de l'entretenement du Pavé de notre bonne Ville, Fauxbourgs & Banlieuë de Paris, fur la mife au rabais de M^e. Chiquet Avocat en nos Confeils, à la fomme de 370000 livres, pour chacune defdites neuf années : Et le dixiéme jour de Décembre 1746 autant de ladite Affiche dudit jour 20e. de Septembre 1746, auroit été en préfence de Fleury de Gaumont, notre Huiffier ordinaire en nos Confeils, mis & appofé aux endroits, lieux & portes défignés dans les Procès-verbaux des 1 Octobre & 10 Novembre 1746 : Et le 19e. jour de Décembre audit an 1746, autant de ladite Affiche auroit été par le Page notre Huiffier ordinaire en nos Confeils, appofé à Verfailles, aux portes des Hôtels & Pavillons de notre très-cher & féal Chancelier, du Sieur Contrôleur Général de nos Finances, de notre très-cher & coufin le Duc de Bethune, Chef de notre Confeil des Finances, des Sieurs Trudaine, d'Ormeffon, de Baudry & de Boulongne,

Conseillers d'Etat , Intendans de nos
Finances , à la principale porte de notre
Château de Versailles , à celle de nos
Bâtimens & à celle de la Salle de notre
Conseil : Et ledit jour 19 Décembre
1746 ladite Affiche auroit été par le
Page , notre Huissier ordinaire en nos
Conseils , lûë & publiée à haute & intelligible voix , en la Salle de notre
Conseil à Versailles , & à l'issuë d'icelui,
tenu par notre très-cher & féal Chancelier ; se seroit présenté M^e. la Roche ,
Avocat en nosd. Conseils , qui auroit
offert de se rendre Adjudicataire dudit
Bail à 360000 livres , ledit M^e. Chiquet
à 340000 livres , ledit M^e. de la Roche
à 330000 livres , & ledit M^e. Chiquet à
320000 livres ; & ne s'étant présenté
aucun autre Avocat pour mettre au rabais , Nous aurions par Arrêt de notre
Conseil dudit jour 19 Décembre 1746,
ordonné qu'il seroit procedé au premier
Conseil d'après le 1 Janvier 1747, là
où il se tiendroit , à l'Adjudication dud.
Bail pour neuf années consécutives, qui

commenceront aud. jour premier Janvier
1747, de l'entretenement du Pavé de
notre bonne Ville, Fauxbourgs & Banlieuë de Paris, fur la mife au rabais fait
par ledit M^e. Chiquet, Avocat en nofdits Confeils, à ladite fomme de 320000
livres, pour chacune defdites neuf années : Et le 24e. jour de Décembre audit
an 1746, autant de ladite Affiche auroit été en préfence de Fleury de Gaumont, notre Huiffier ordinaire en nos
Confeils, mis & appofé aux mêmes
portes, lieux & endroits que ceux énoncés ci-deffus : Et le 2e. Janvier 1747 autant de ladite Affiche auroit été en préfence de Debrye notre Huiffier ordinaire
en nos Confeils, mis & appofé à Verfailles, aux portes des Hôtels & Pavillons énoncés dans le Procès-verbal d'ap-
pofition du 19 Décembre dernier 1746 :
Et ledit jour 2e. Janvier 1747 ladite
Affiche auroit été par Debrye, notre
Huiffier ordinaire en nos Confeils, lûë
& publiée à haute & intelligible voix,
en la Salle de notre Confeil, tenu par

notre très - cher & féal Chancelier , à l'issuë d'icelui , les portes du Conseil ouvertes ; se seroit présenté pendant le premier feu ledit Me. Chiquet, Avocat en nos Conseils, qui auroit offert de se rendre Adjudicataire dudit Bail , à raison de 320000 livres , Me. de la Roche aussi Avocat en nos Conseils auroit offert de s'en charger , à raison de 315000; & Me. Armand aussi Avocat en nos Conseils , auroit offert de s'en charger , à raison de 310000 livres : Pendant le second feu se seroit présenté ledit Me. Chiquet qui auroit offert de se rendre Adjudicataire dudit Bail , à raison de 308000 livres ; se seroit aussi présenté Me. de la Roche , qui auroit offert de s'en charger, à raison de 306000 livres ; se feroit encore présenté Me. Armand , qui auroit offert de s'en charger, à raison de 302000 livres ; & pendant le troisiéme feu se feroit présenté ledit Me. Chiquet, qui auroit offert de s'en charger, à raison de 298000 livres ; ledit Me. Armand à 297000 livres ; ledit Me.

de

de la Roche à 296000 livres, & ledit
M^e. Chiquet à 295000 livres; & les
feux des bougies s'étant éteints, fans
qu'il fe foit préfenté d'autre perfonne,
qui ait fait des offres au-deſſous de celles
dudit M^e. Chiquet, notre Confeil auroit
adjugé audit M^e. Chiquet le Bail de l'entretenement dudit Pavé de notre bonne
Ville, Fauxbourgs & Banlieuë de Paris,
pour lefdites neuf années commencées
au 1 Janvier 1747, moyennant ladite
fomme de 295000 livres pour chacune
defdites neuf années, aux charges, claufes & conditions portées par l'Affiche
ci-deſſus énoncée, & en outre de donner bonnes & fuffifantes Cautions, qui
feroient leurs foumiffions au Greffe du
Confeil avant la délivrance du Bail le
13 dudit mois de Janvier 1747: Ledit
M^e. Chiquet auroit fait fa déclaration au
Greffe de notre Confeil, que l'Adjudication qui lui a été faite dudit Bail de
l'entretenement du Pavé de Paris, étoit
pour & au profit du Sieur Pierre Outrequin, Bourgeois de Paris, y demeu=

E

rant ruë du Fauconnier, Paroiſſe Saint
Paul, qui auroit accepté ladite déclaration par Acte reçu audit Greffe de notre Conſeil le 14 deſdits mois & an, &
ſe feroit ſoumis & obligé de ſatisfaire à
toutes les clauſes & conditons d'icelle,
à peine d'y être contraint comme pour
nos deniers & affaires ; & pour cet effet
il auroit élû ſon domicile dans ſadite
demeure : Et le même jour 14e. Janvier
1747 ledit Sieur Outrequin auroit fourni pour ſa Caution Damoiſelle Marie-
Louiſe - Victoire le Gay ſon épouſe,
demeurante avec lui ſuſdite ruë & Paroiſſe, & de lui autoriſée ; laquelle Damoiſelle Outrequin auroit fait ſa ſoumiſ-
ſion audit Greffe de notre Conſeil, & ſe
feroit volontairement obligée conjoin-
tement & ſolidairement avec le Sieur
Outrequin ſans diviſion, diſcution, ni
fidejuſſion à quoi elle auroit renoncé, à
l'entiere exécution de ladite Adjudication du Bail de l'entretenement dudit
Pavé de Paris pour le tems, prix, charges,
clauſes & conditions d'icelle, à peine

d'y être contrainte comme pour nos deniers & affaires, & pour cet effet elle
auroit élû son domicile dans sadite demeure : A CES CAUSES, de l'avis de
notre Conseil, Nous avons audit Sieur
Outrequin, suivant & conformément à
l'Adjudication faite en notre Conseil le
2 Janvier 1747 de l'entretenement du
Pavé de notre bonne Ville, Fauxbourgs
& Banlieuë de Paris, fait Bail, Adjudication & délivrance d'icelle, pour en
jouir aux charges, clauses & conditions
portées par ladite Adjudication & Affiche ci-devant exprimées, moyennant
le prix & somme de 295000 livres, de
laquelle somme il sera payé pendant
chacune desdites neuf années du présent
Bail, à commencer du 1 Janvier de ladite année présente 1747, des fonds qui
feront à cet effet par Nous destinés ; &
attendu que pour sûreté dudit prix, charges, clauses & conditions dudit présent
Bail & exécution d'icelui, ledit Sieur
Pierre Outrequin & ladite Damoiselle
Marie-Louise-Victoire le Gay son épou-

E ij

se sa Caution, ont fait leurs soumissions
au Greffe de notre Conseil, dont les
Actes sont ès mains du Secrétaire de
notredit Conseil, pour y avoir recours
quand besoin sera ; Nous les dispensons
de donner d'autre Caution en notre
Chambre des Comptes ni ailleurs, pour
quelques causes que ce soit. SI DONNONS
EN MANDEMENT à nos amés & féaux
Conseillers, les Présidens Trésoriers de
France au Bureau de nos Finances à
Paris, que le présent Bail ils ayent à
faire registrer, & du contenu en icelui
jouir & user lesdits Sieur & Damoiselle
Outrequin, & leurs ayans causes, plei-
nement & paisiblement, cessant & fai-
sant cesser tous troubles & empêche-
mens à ce contraires, nonobstant oppo-
sition, appellation quelconques, pour
lesquelles sans préjudicier ne sera différé,
& dont si aucunes interviennent, Nous
en avons retenu & réservé, retenons &
réservons à notre Conseil la connois-
sance, & icelle interdisons & défen-
dons à toutes nos Cours & autres Juges.

CAR tel eſt notre plaiſir. DONNÉ à Verſailles le vingt-huitiéme jour de Février l'an de grace mil ſept cent quarante-ſept : Et de notre Regne le trente-deuxiéme. Collationné. Par le Roi en ſon Conſeil, DE VOUGNY.

Regiſtré au Bureau des Finances de la Généralité de Paris, oui ſur ce le Procureur du Roi, pour être exécuté ſelon ſa forme & teneur pour le tems, prix, charges, clauſes & conditions y portées ; en conſéquence l'Entrepreneur ſe trouvera tous les Samedis au Bureau de la Direction qui ſera tenu conformément aux Reglemens ; du prix duquel Bail l'Adjudicataire ne pourra être payé que ſur nos Mandemens & Ordonnances, en la maniere accoutumée ; le tout conformément à notre Ordonnance de ce-jourd'hui 17 Mars 1747. Collationé. Signé, MERAULT, MIGNOT DE MONTIGNY, DENISET, DE BONNY, COUSIN, MAIGRET, COSTAR, BOURSIER.

Par meſdits Sieurs, ISSALY.

Les Préfidens Tréforiers de France Généraux des Finances, & Grands Voyers en la Généralité de Paris, fur la Requête préfentée au Bureau par Pierre Outrequin, Adjudicataire de l'entretenement du Pavé de la Ville de Paris, Fauxbourgs & Banlieuë d'icelle, contenant qu'il a été fait au Confeil du Roi un nouveau Bail du Pavé de Paris pour neuf années, qui ont commencé au 1 Janvier de l'année courante 1747, & qui finiront le dernier Décembre 1755; que ce Bail a été adjugé le 2 Janvier dernier à M^e. Chiquet Avocat au Confeil, aux claufes & conditions portées par les Affiches : Lequel dit M^e. Chiquet auroit fait fa déclaration au Greffe du Confeil le 13 dudit mois de Janvier, que l'Adjudication qui lui a été faite dudit Bail, moyennant le prix & fomme de 295000 livres, étoit pour, & au profit dudit Sieur Outrequin, qui auroit accepté ladite déclaration par Acte reçu au Greffe du Confeil le 14 dudit mois de Janvier, & ledit jour fourni pour sa Caution Damoiselle Marie-Louise-Victoire le Gay sa femme ; laquelle auroit fait à l'instant sa soumission entre les mains du Secrétaire du Conseil , & s'est soumise & obligée d'exécuter ladite Adjudication pour le tems , prix , charges , clauses & conditions portées en icelle ; en conséquence dequoi Bail auroit été fait audit Sieur Outrequin le 28 Février dernier , de l'entretenement du Pavé de la Ville , Fauxbourgs & Banlieuë de Paris , aux charges , clauses & conditions portées par ladite Adjudication , moyennant le prix de 295000 livres par chacun an , à commencer du premier Janvier de la présente année. Et attendu que ce Bail est adressé en ce Bureau pour en ordonner l'exécution , requeroit qu'il nous plût ordonner ledit Bail être registré pour être exécuté selon sa forme & teneur ; comme le contient ladite Requête. Vu laquelle , ledit Bail, Conclusions du Procureur du Roi , auquel le tout auroit été montré de notre Ordonnance: Oui le rapport de M. Deniſet, Tréſorier de France en ce Bureau : Et tout conſideré, NOUS, ayant égard à la Requête du Supliant, ordonnons que l'Arrêt portant Bail de l'entretenement du Pavé de la Ville, Fauxbourgs & Banlieuë de Paris, dudit jour 28 Février 1747, ſera regiſtré en ce Bureau pour être exécuté ſelon ſa forme & teneur, pour le tems, prix, charges, clauſes & conditions y portées ; en conſéquence l'Entrepreneur ſe trouvera tous les Samedis au Bureau de la Direction qui ſera tenu conformément aux Réglemens ; du prix duquel Bail l'Adjudicataire ne pourra être payé que ſur nos Mandemens & Ordonnances, en la maniere accoutumée. Fait au Bureau des Finances à Paris le 17 Mars 1747. Collationné. *Signé*, MERAULT, MIGNOT DE MONTIGNY, DENISET, DE BONNY, COUSIN, MAIGRET, COSTAR, BOURSIER.

Par meſdits Sieurs, ISSALY.

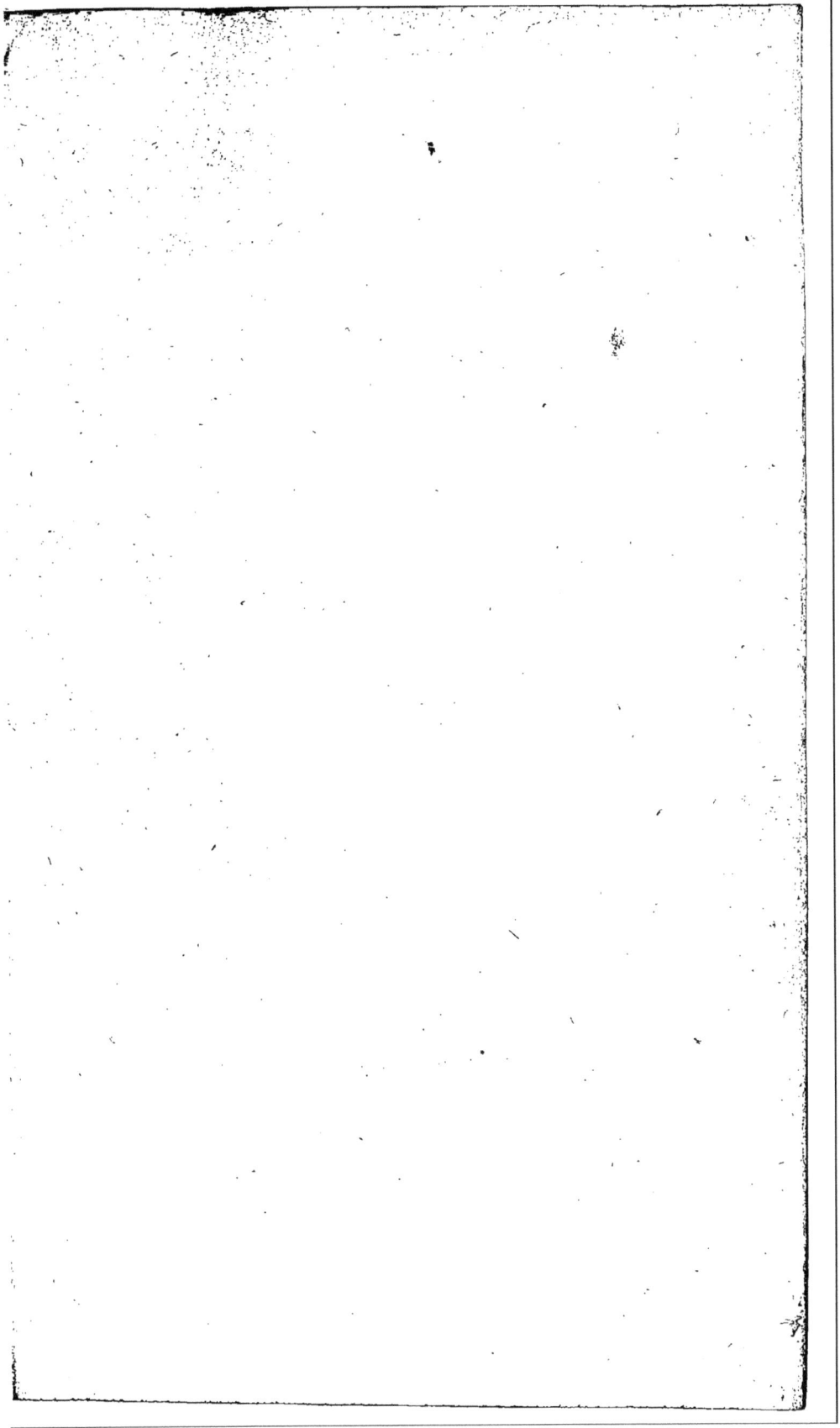